AF258056

SOCIÉTÉ DÉPARTEMENTALE

DE PROPAGANDE

L'ALLIANCE RÉPUBLICAINE

DU TARN

Fondée par l'Assemblée plénière du 18 Août 1886.

PROCÈS-VERBAL & STATUTS

ALBI

IMPRIMERIE PEZOUS

Rue du Jardin-National.

—

1886

PROCÈS-VERBAL

De la Séance du 18 août 1886

——•O•——

Le mercredi 18 août, à deux heures de l'après-midi, a eu lieu, dans une des salles de l'ancien Cercle Albigeois à Albi, une réunion provoquée par les Sociétés de propagande républicaine de Castres et de Graulhet.

M. Barbey, sénateur; MM. Bernard Lavergne, Cavalié, Compayré, Jaurès et Héral, députés; la plupart des conseillers généraux républicains et un certain nombre de membres des Comités des cantons, assistaient à la séance.

L'Assemblée a nommé son bureau qui se composait de M. Barbey, président; MM. Gaches, Dr Sicard, Roques, Dupuy-Dutemps, assesseurs; MM. Verdeil et Poux-Laville, secrétaires.

Le président a donné la parole à M. le docteur Sicard, président de la Société de propagande de Castres, qui a exposé le but de la réunion et a expliqué en quelques mots le plan d'organisation qui doit s'étendre dans tous les cantons du département, de manière à contrarier et à rendre nulle autant que possible l'action des partis monarchistes.

Après M. Sicard, M. Roques, président de la Société de Graulhet, dans un discours fréquemment applaudi, a expliqué de quelle manière la Société de propagande républicaine a été organisée dans le canton de Graulhet, à la suite de la réunion du Congrès de 1885. Les organisateurs sont rapidement parvenus à grouper plus de 500 adhérents. L'admission se fit au moyen de bureaux élus par des groupes de 50 adhérents, et ces bureaux eurent à apprécier si les demandes des candidats devaient être agréées, car il était important de faire un triage pour éviter les brouillons ou les réactionnaires. Cela fait, on adopta le règlement de Castres et on fixa la cotisation non pas à 0,25 centimes comme dans cette ville, mais à 0,10 centimes par mois pour permettre au plus grand nombre possible de républicains d'adhérer à la Société. M. Roques a fait ressortir qu'en fondant cette Société, le canton de Graulhet avait pour but de donner l'exemple à tout le département, mais en laissant chaque canton libre de modifier le règlement suivant le tempérament local, tout en maintenant le même but et le même principe qui consistent à augmenter l'action républicaine dans les cantons réactionnaires, et à empêcher la division et les coteries au profit des ambitions personnelles dans les cantons républicains. Une carte, délivrée à tous les membres de la Société, porte cette devise qui résume le but poursuivi : *Chacun pour tous, tous pour chacun.*

Au cours de la discussion des Statuts, M. Poux-Laville ayant demandé à M. Roques quels moyens étaient employés pour percevoir les fonds, M. Roques a répondu que la Société de Graulhet possédait plusieurs membres de bonne volonté qui avaient accepté les fonctions de recouvreurs. Il en avait été désigné un par commune rurale et un par quartier dans la commune du chef-lieu. Ces recouvreurs ont chacun un carnet de douze cases, et ils marquent sur le verso de la carte de sociétaire au moyen, d'un tampon, les mois payés, en même temps qu'ils prennent note du versement sur leur carnet. Le verso de la carte de sociétaire est divisée en carrés portant les noms de chaque mois. Les recouvreurs effectuent ensuite leur versement entre les mains du trésorier responsable. Celui-ci place le montant des versements à la caisse d'épargne.

Si nous insistons sur les explications de M. Roques, c'est parce que les cantons y trouveront les moyens pratiques pour la constitution de leurs Sociétés et pour leur bon fonctionnement.

Après M. Roques, M. Verdeil a demandé qu'on prit pour base de l'organisation républicaine dans le département le modèle n° 5 des Statuts annexes au rapport de l'Union des gauches. M. Verdeil est ensuite entré dans une série de considérations générales sur l'urgence de l'organisation républicaine.

M. Gaches a fait observer, au moment où il allait être passé à la discussion des articles, que la propagande organisée par les sociétés devait être avant tout impersonnelle. Cette précision est soulignée par une approbation unanime.

M. le président met aux voix le principe de l'*Alliance Républicaine* qui est adopté à l'unanimité.

Discussion des Statuts

L'Assemblée a décidé de prendre pour base de l'organisation des Sociétés dans les cantons, les Statuts du projet d'organisation d'alliance républicaine. Nous donnons plus loin un modèle de ces Statuts tels qu'ils ont été votés par l'Assemblée.

Les articles 1ᵉʳ, 2 et la première partie de l'article 3 ont été adoptés sans discussion. Sur la deuxième partie de l'article 3 il a été décidé, après une discussion à laquelle ont pris part MM. Brieussel, Jaurès et Poux-Laville, qu'il sera nommé de deux à cinq membres par canton, d'après le nombre des électeurs inscrits. Ces délégués, qui se réuniront au chef-lieu tous les semestres, constitueront le *Conseil général de direction et d'administration de l'Alliance républicaine.*

L'article 4 a été adopté sans modifications importantes. Il a été ajouté à l'article 5 qu'en cas d'urgence la commission exécutive, qui siègera au chef-lieu, aura le droit de convoquer le Conseil général.

L'article 6 décide que chaque section cantonale fera un règlement pour les admissions ainsi que pour les exclusions.

D'après l'article 7, également modifié par l'assemblée, chaque canton règlera le chiffre de la cotisation à sa guise. Après quelques observations de plusieurs membres, on a décidé que les cantons devront envoyer le quart de l'ensemble des cotisations à la commission exécutive qui, d'après la décision du *Conseil général d'administration et de direction,* devra venir en aide aux cantons réactionnaires où n'existerait pas de société de propagande assez forte pour contrebalancer l'action de nos adversaires.

L'article 8 a été adopté sans modifications.

M. le Président a mis aux voix l'ensemble des Statuts qui a été adopté à l'unanimité.

Les délégués d'Albi ont été élus membres du Comité d'organisation par l'Assemblée qui les a chargés d'adresser au conseiller général de chaque canton un modèle des Statuts et un extrait du procès-verbal de la séance pour que la Société puisse être organisée sans délai et élire ses délégués.

Elle exprime également le vœu qu'une première réunion du *Conseil général d'administration et de direction* ait lieu dans le délai de deux mois, c'est-à-dire avant la rentrée des Chambres.

M. Cavalié, dans une allocution fréquemment applaudie, a développé cette idée : que la propagande des Sociétés doit être impersonnelle, que les Sociétés ne doivent pas être directement mêlées aux luttes électorales et qu'il faut qu'elles restent indépendantes des Comités. Leur mission consiste à étendre dans la plus large mesure la propagande républicaine, et c'est de l'intérêt supérieur de la République qu'elles doivent seulement s'inspirer.

Ces paroles sont vivement approuvées et la séance est levée.

Le Secrétaire,

Gaston POUX-LAVILLE.

STATUTS

ARTICLE PREMIER.

Il est formé pour le département du Tarn une Société de propagande politique républicaine, ayant pour titre : l'*Alliance républicaine du Tarn*, dont le siège est à Albi.

ART. 2.

L'*Alliance républicaine* est formée par l'association des *sections cantonales*, constituées dans chaque canton par la réunion des républicains adhérents aux présents Statuts.

ART. 3.

La *section cantonale* est formée de tous les adhérents des diverses communes du canton, admis suivant les formalités prescrites ci-dessous :

Chaque section cantonale nomme un bureau composé d'un président, de deux vice-présidents, d'un secrétaire et d'un trésorier, nommés pour un an et rééligibles.

Elle nomme aussi deux délégués au minimum et cinq au maximum, en prenant pour base le nombre d'électeurs inscrits dans le canton. Les cantons ayant de 1.000 à 2.000 électeurs auront droit à deux délégués, pris parmi les membres de la Société de propagande ; de 2.000 à 3.000, les cantons auront droit à 3 délégués ; de 3.000 à 4.000, les cantons auront droit à 4 délégués ; au-dessus de 4.000 électeurs, les Sociétés de propagande nommeront 5 délégués.

Ces délégués doivent faire partie du *Conseil général de direction et d'administration* de l'*Alliance républicaine*. Ces délégués, nommés pour un an et rééligibles, doivent être choisis parmi les sociétaires du canton.

Chaque section cantonale se réunit en assemblée générale une fois par trimestre au moins, pour statuer sur les demandes des admissions et sur toutes autres affaires en suspens.

Art. 4.

La Société a pour objet la diffusion et la défense des principes de la République.

Elle poursuit son œuvre par la distribution de brochures et de journaux politiques et économiques, au moyen de conférences et par des subventions en faveur des œuvres et des candidatures républicaines.

Art. 5

Le *Conseil général de direction et d'administration* qui dirige et administre la Société, se réunit au moins une fois par semestre. La présence de quinze de ses membres suffit pour la validité de sa délibération. Il nomme son bureau dont les membres doivent être choisis, autant que possible, parmi les délégués des divers arrondissements. Il règle la marche générale de la Société et résout les questions litigieuses qui se produiraient au sein des sections cantonales ou autres,

Il délègue ses pouvoirs pour l'exécution de ses décisions et délibérations et pour assurer le fonctionnement de la Société, au bureau de la section cantonale du chef-lieu du département, considéré comme *commission exécutive*.

Art. 6

Chaque section cantonale fera un règlement pour le mode d'admission de ses membres : il en sera de même pour leur radiation.

Art. 7.

Chaque canton règlera le chiffre de ses cotisations qui ne peut être inférieur à 0,10 c. par mois et par membre. Les cotisations supérieures seront acceptées avec reconnaissance, et la répartition en sera faite entre l'*Alliance républicaine* et la section cantonale, suivant le désir du membre souscripteur.

Chaque section cantonale règle la dépense des fonds dont elle dispose, à sa convenance, en vue de la propagande républicaine ou en faveur des œuvres ou des candidatures républicaines. Le quart du montant total des cotisations est versé au trésorier de la *Commission exécutive.*

Le *Conseil général d'administration et de direction* décide des moyens de propagande à appliquer dans tout le département, dresse, en dehors des budgets des sections de canton, le budget des dépenses, frais généraux, logement, etc., qui s'y rapportent et dont le produit des cotisations forme la principale ressource. Il présente, à la fin de chaque année, le compte-rendu moral et financier de la Société.

Toute année commencée est due en totalité à partir du 1er janvier. Les démissions ne peuvent donc prendre date qu'au 31 décembre de l'année où elles ont été données.

Art. 8.

En cas de dissolution de la Société, les fonds restés sans emploi, seraient reversés au *prorata* des versements de leurs sociétaires, aux sections cantonales qui en feraient l'usage qu'elles jugeraient utile.

En cas de dissolution d'une section cantonale, les fonds restant dans sa caisse devront être versés à la caisse générale de la Société.

Albi. — Imp. Pezous.